禪師들의 열반 詩

죽어서 詩가 되는 삶이 있습니다

정 휴 엮음

우리출판사

죽어서 詩가 되는 삶이 있습니다

序 文

　죽어서 시詩가 되는 삶이 있습니다.

　생멸이 없는 삶을 살고 간 선사禪師들의 입적入寂모습은 언어 이전의 한편의 시詩이고 그들이 남긴 임종게臨終偈는 진리眞理의 원음原音입니다. 수행과 깨달음이 이룩한 열반은 이 세상에서 가장 아름다운 시詩가 되고 있습니다.

　누더기 한 벌 입고 임종이 다가서면 산으로 들어가 밤이면 별빛을 가슴에 묻고 초탈을 몸에 익혀 입적하여 훗날 율무꽃으로 피어나는가 하면, 도반道伴끼리 입적入寂하여 한 수행인은 별빛이 되고 한 스님은 소쩍새가 되어 서로 달빛과 새소리를 듣는 아름다운 만남이 있습니다.

今朝六月六	오늘은 유월육일
谷泉受罪足	나 곡천은 죄를 톡톡히 받았으니
不是上天堂	이제 천당으로 가지 않고
便是入地獄	지옥으로 들어가리

〈谷泉〉

　열반시는 때로는 서정적인 면이 있는가 하면 충격적 역설이 있고 나아가 본원적 세계를 형상화 하고 있습니다.

이 禪詩(임종게) 속에는 죽음이 없습니다.

여행을 떠나는 사람과 같이 임종을 준비하는 떠남의 언어言語가 있고, 고향으로 돌아가는 진리회귀의 영혼의 모음母音이 있으며, 앉아서 열반하기가 싫어 서서 입적하는 해탈의 몸짓이 있으며, 걷다가 문득 명상에 잠겨 보리수잎을 잡고 입적하는 침묵의 언어言語가 있습니다.

비록 진리가 언어를 떠나 있다 하더라도 선사禪師들이 남긴 임종게臨終偈속에는 해탈의 육성이 담겨 있습니다. 그리고 집착을 버린 삶이 이룩한 초탈의 언어와 무소유無所有가 빚어낸 육신을 버리는 버림의 미학美學이 아름다운 시詩가 되고 있습니다.

육신을 화장火葬하지 않고 굶주린 산짐승의 먹이가 되도록 한 수행인이 있는가 하면, 탑과 부도마저 만들지 말라는 사신捨身의 시詩와 맑은 영혼이 있습니다. 그리고 일생을 살았던 삶이 하룻밤 꿈이라고 노래하고 있습니다.

선사禪師들은 태어날 때는 한 줄기 바람처럼 와서 갈 때는 달빛과 더불어 소요하면서 입적을 즐거워하였습니다.

이 임종게臨終偈는 중국, 신라, 고려, 일본, 조선조, 근대 및 현대를 살고 간 고승들이 남긴 해탈의 육성입니다.

깨달음의 삶을 살고 간 역대 선사들의 임종게臨終偈를 선별하여 시집詩集으로 묶었음을 밝혀 둡니다.

이 선시는 불교사상 특유의 장대한 스케일과 풍부한 문학적 상징을 통해 불입문자 세계관과 아울러 인간의 실상을 노래하고 있습니다.

독자는 선禪의 진수를 맛볼 수 있을 것입니다.

2001年 3月
설악산에서   正 休

|차 례|

서 문 4

열반송 *1*

2

선 시

1

2

이 몸에는 주인이 없네

四大非我有　　육체는 내 것이 아니요
五蘊本來空　　오온 또한 내 소유가 아니네
以首臨白刃　　흰 칼이 목에 닿으니
猶如斬春風　　오히려 봄바람 자른 것 같네

〈僧肇 · 中國〉

이른 새벽 나를 부르는 소리에
깨어보니
아무것도 보이지 않았다.
사람도 아니고 바람도 아니었다.

밤새 머물고 있던 어둠이
떠나는 소리였고
별들이 빛을 거두어
하늘로 돌아가는 기척이었다.

내 몸뚱아리 마저 내것이 아닌데
일생동안 집착을 너무 오래했다.

승가란제는 육신의 집착을 버리고 뜰앞을 거닐다가 보리수 나뭇가지를
오랫동안 잡고 선정에 들었다가 선 채로 入寂할 수 있었다.
그의 명상은 지금도 계속되고 있다.

버리면 자기가 보이네

白銀世界金色롱　　저 백은의 세계 눈부시어
情與非情共一眞　　유정과 무정이 온통 한 진리네
明暗盡時都不照　　밝음과 어둠이 다하여 비출 수 없는 곳
日輪午後示全身　　오후의 햇살에 온 전신이 드러나네

〈作者未詳〉

눈 오는 날
산짐승들의 길이 끊어지고
새들도 숨어 버린다.

쌓인 눈은
햇볕에 녹아 나무 속으로 들어가 숨을 몰아쉬면
산천은 맨살을 드러낸다.

적멸은 근원으로 돌아가
공적(空寂)을 이루면
침묵의 전신이
내 곁으로 온다.

汾陽善昭스님은 권력자의 초청을 끝내 거절치 못하고 동행을 요청한
관리를 먼저 가도록 말한 후 '가기는 가지만 내가 가는 길은 다르다' 며
신을 신고 몇 발자국을 옮기다가 선채로 입적하였다.

봄 바람은 잔설을 쓸고

盡堂燈己滅　　집안에 기름 다하여 등불 꺼지니
彈指何誰說　　彈指의 이 소식 누구에게 전하리
去住本尋常　　가고 머무는 것 본래 그대로이니
春風掃殘雪　　봄바람은 지금 잔설을 쓸고 있네

〈作者未詳〉

한 사람이 입적했다고 만물이 줄어든 것도 아니고
몇 사람이 더 태어났다고 만물의 부피가
커진 것도 아니다.

화장을 한 빈터에 새들이 울고
바람은 다시 태어나기 위해 교미를 하고있다.

중국 도신선사는 육십년 동안 장좌불와를 통해
모든 만물에 해를 입히지 않고
萬物이 제멋대로 있는 것을 허락하였다.
제멋대로 하는 것을 허락할 자 몇 사람이나 될까.

한평생이 한바탕 꿈이었네

五十五年夢幻身　　쉰다섯 해 환영의 이 육신이여
東西南北孰爲親　　사방팔방으로 쏘다니며 누구와 친했던고
白雲散盡千山外　　흰구름은 천산 밖에서 다하고
萬里秋空片月新　　만리 가을 하늘엔 조각달이 새롭네

〈作者未詳·禪林僧寶傳에서〉

살고 있는 사람은 꿈을 꾸고 있고
입적에 든 사람은 비로소 꿈을 깬다.
육신을 벗어 버리고 그 육신이 타고 있는 것을
훔쳐보고 있는 사람이 그 누구인가.

죽음은 거울이다.
그 거울 속에 있는 자기 모습을 보아라.

神秀와 친했던 혜안선사는 국사로 추대하고 싶다는 측천무후의 제의를
받고 그는 혜능선사를 국사로 다시 추천한 훌륭한 수행인이다.
그는 임종에 이르러 '내가 죽거든 시신을 숲속에 놓아 들불에 타도록
하라' 고 제자들에게 유언을 남기고 입적했다.

살아서 天堂도 좋아하지 않고
죽어서는 지옥도 두려워하지 않네

吾年七十六　　내 나이 일흔 여섯
世緣今已足　　세상 인연 다했네
生不愛天堂　　살아서는 천당을 좋아하지 않았고
死不怕地獄　　죽어서는 지옥을 겁내지 않네

〈作者未詳〉

삶에 처해 있어도 삶에 얽매이지 않고
죽음에 처해 있어도 죽음에 얽매이지 않아야
달빛 소리를 들을 수 있는 강물이 될 수 있다.

중국 청활선사는 늙어서 조그마한 草庵을 짓고 지내다가 어느날 제자들을
불러놓고 다음과 같이 유언을 하였다.
'내가 죽거든 시체를 벌레들에게 주어라. 그리고 탑이나 浮屠를 만들지 말라.'

영혼은 인연을 따라가네

已徹無功　　아무것도 해놓은 것 없으니
不必留頌　　임종게를 남길 이유가 없네
聊爾應緣　　오직 인연에 따를 뿐이니
珍重珍重　　모두들 잘 있게

〈作者未詳 · 僧寶正續傳에서〉

가슴속에 기다림이 깊어서
자고나니 뜰앞에 은행잎이
다 떨어져 나뭇가지는
빈 하늘을 이고
누군가 다시 기다리고 있다.
밤늦게 달빛은 내 기다림을 데리고
산을 넘어가고 있네.

임종이 닥치면 여행할 준비를 하라.

마음에 따라 얼굴이 바뀌네

昨日夜叉心　　어제는 야차의 마음이었는데

今朝菩薩面　　오늘은 보살의 얼굴이네

菩薩與夜叉　　보살과 야차가

不隔一條線　　백지 한 장 차이도 안되네

〈南宋元明禪林僧寶傳에서〉

낮달처럼 하얗게 피어 오르는
목련꽃을 보고 있으면
맑고 고운 빛이 白衣觀音으로 가
옷이 되어 天上으로 비상하고 있다.

사람의 얼굴을 들여다 보면
눈 속에서 天上의 모습을 읽을 수 있고
얼굴에서 짐승의 모습을 읽다가
다시 아수라와 지옥의 모습을 읽는다.

마음의 탐욕과 분노의 옷을 입게 되면
하루에도 수십 번씩 지옥과 축생 아수라를 넘나든다.

중국 관계화상은 자리에서 일어나 일곱 발자욱을 걸으며 숨을 거두었다.
관계스님은 지금도 어디론가 걸어가고 있다.

영혼은 미련없이 떠난다

要行便行　　올 때는 문득 오고
要去便去　　갈 때는 미련없이 가네
撞破天關　　하늘을 후려쳐 뚫어 버리고
掀飜地軸　　대지를 뒤집어 버렸네

〈僧寶正續傳에서〉

빈손으로 왔다가
너무 많은 것을 소유했다가
아무것도 가져가지 못한다.

우리가 소유를 위해 자기 마음을
얼마나 더럽혔는지 살펴 볼 일이다.

비(碑)를 세우려고 하지말라.
행인의 입보다 못하기 때문이다.

꿈같은 육십칠 년

夢幻空花   꿈같고 환영같은

六十七年   육십칠 년이여

白鳥煙沒   흰새 날아가고 물안개 걷히니

秋水天連   가을물이 하늘에 닿았네

〈宏智禪師·中國〉

육십칠 년을 헤아려 보면
참으로 길고 지루했지만
임종을 맞고 보면
하루 아침 꿈이다.

중국 과안(過安)선사는 관(棺)속에서 삼일 동안 누워서 잠을 자다가 입적
을 했다. 해탈과 걸림에 얽매이지 않으면 죽음도 이처럼 자유스럽게 연출
할 수 있다.

달은 차가운 연못에 빠지고

常陽一句　　분명한 이 한 글귀여
更無回互　　더이상 머뭇거림은 없네
月落寒潭　　차가운 못에는 달이 젖어 있고
煙迷古渡　　옛 나루터는 안개속에 멀어져 가네

〈作者未詳〉

사랑은 하나가 되는 것
그리고 떠나야
그리움이 된다.

단하천연(丹霞天然)선사는 목욕을 한 후 새옷을 갈아입고 삿갓을 쓰고 지
팡이를 짚고 신을 신은 후 몇 발자욱을 걷다가 입적하였다.
고향으로 돌아갈 준비를 마친 사람이다.

가고 옴이 없는데 누가 또 오는걸까

來無所來	와도 온 바가 없고
去無所去	가도 가는 곳이 없나니
瞥轉玄關	문득 현묘한 관문을 뛰어 넘으면
佛祖罔措	불조도 몸둘 바를 모를 것이다.

〈作者未詳 · 南宋元明禪林僧寶傳에서〉

법신은 가고 옴이 없는데
사람의 그리움은 영혼을 따라가다가
다시 돌아와 가슴에 묻힌다.

중국 현웅선사는 내가 죽거든 상복을 입거나 통곡을 하지 말라고 하였다.
눈물은 살아있는 자의 슬픈 사치다.

여러분들 잘 있게

八十一年　　팔십일 년 동안
只此一語　　이 한 마디 뿐
珍重諸人　　여러분들 잘 있게
切莫錯擧　　부디 잘못 알지 말라

〈古文集에서〉

꽃상여를 만든다고
그 죽음이 찬란해지는 것이 아니다.
영혼은 육신을 벗어야 자유스러워진다.

빨리 태워 버려라.
그리고 화려한 영결식이 사치와 낭비임을 깨달아라.

중국 행인(行因)선사는 대중들과 대화를 나누다가 길 모퉁이에서
선채로 입적했다.
걸어서 극락을 가려면 몇 년이 걸릴까.

그대는 혼자 떠나네

來時空索索　　올 때는 빈손으로 왔다가
去也赤條條　　갈 때는 알몸으로 가는 것
更要問瑞的　　다시 이밖의 것을 묻는다면
天台有石頭　　천태산에 돌이 있다 하리라

(無準禪師・中國)

거울을 보고 자기 얼굴이
짐승과 같거든
마음을 고쳐 먹어야 한다.
마흔이 넘으면 자기 모습은 자기가 만들기 때문이다.

중국 全存선사는 임종에 이르러 '내가 꾸며서 왕의 뜻을 거절한 것이 아니라 뒷사람이 나를 흉내 내어 욕심을 부릴까 걱정이 된다' 하였다.

인연따라 다시 꽃으로 오는가

緣會而來   인연따라 왔다가
緣散而去   인연이 다하여 가네
撞倒須彌   수미산을 후려쳐 꺾어 버리니
虛空獨露   허공만이 홀로 드러나 있네

〈南宋元明禪林僧寶傳에서〉

觸目菩提
눈 앞에 보이는 것이 깨달음이다.

〈無門關〉

바람은 벌판에서 다시 만날 수 있다

甲子六十三	육십삼 년 동안
無法與人說	단 한 마디 말도 하지 않고
任運自去來	바람따라 물따라 왔다가 가나니
天上只一月	하늘에는 다만 달이 떠 있네

〈作者未詳〉

죽어서 물이 되면
큰 바다에서 다시 만날 수 있다.

중국 등운봉선사는 앉아서 입적하는 것도 거부했고 서서 입적하는 것도
신통해 보이질 않아 물구나무를 서서 세상을 거꾸로 보다가 눈을 감았다.
이런 초탈 앞에 우리들 자신이 왜 초라해질까.

무쇠나무에서 꽃이 피네

本無生滅　　나고 죽음이 없는데
焉有去來　　어찌 가고 옴이 있으리
氷河發焰　　빙하에서 불길이 솟고
鐵樹開花　　무쇠나무에서 꽃이 피네

〈作者未詳〉

그리운 사람이 죽으면
극락과 천당 가기를 바라지 말라
한 사람은 달이 되고 한 사람은 소쩍새가 되어
달이 뜨고 소쩍새가 울면 다시 만날 수 있다.

나고 죽음이 없네

眞性圓明　　본래 마음은 밝아

本無生滅　　나고 죽음이 없네

木馬夜鳴　　목마가 밤에 우니

西山日出　　서쪽에서 해가 뜨네

〈梵琦禪師·中國〉

사랑 한번 해보지 않은 사람들이
어찌 인간의 고뇌와 우수를 알 수 있겠는가.

거짓말 말라
진실만이 사람의 마음을 움직일 수 있다.

죽어도 달은 뜨더라

生本不生　태어남은 본래 태어남이 아니요
滅本不滅　죽음 또한 본래 죽음이 아니네
撒手便行　두 손을 뿌리치고 문득 돌아가니
一天明月　하늘엔 밝은 달만 떠 있네

〈作者未詳〉

자기 육신이 신령스럽다고 생각하는가
깨달아야 알 수 있다.
그리고 법신에 無今선원이 있고
육신에 옛 선원이 있으니
그때야 無古無今이 되지.

32

비바람을 꾸짖네

訶風罵雨　　비바람을 꾸짖나니
佛祖不知　　불조도 알지 못하네
一機瞥轉　　눈 깜짝 사이에 몸 바꾸나니
閃電猶遲　　번갯불도 오히려 늦네

〈大應國師·日本〉

간밤에 바람을 꾸짖고
눈이 오는 것을 호되게 나무랐더니
햇살이 방안으로 문안을 하려고
들어오고 있다.

불길이 샘물 속으로 가고 있다

毁教謗禪   경전을 비난하고 선을 욕하면서
八十一年   여든한 해를 맞았네
天崩地裂   하늘이 무너지고 땅이 갈라지니
沒火裏泉   불길이 샘물 속으로 나는 가네

〈義雲和尙〉

경전(經典)의 잣대로 재어보면
수행인의 마음을 갖지 않은 사람들이
우리 주위에는 너무 많다.
그들의 업력을 우리가 나눠 가져야지.

눈 위에 서리가 내리네

平生顚倒　　평생의 잘못됨이
今日卽當　　오늘에야 바로 됐네
末後一句　　말후 한 글귀
雪上加霜　　눈 위에 서리 내리네

〈無文禪師 · 日本〉

입을 열지 말라.
신령스런 기운이 빠져 나가면
서 있을 수 없다.

그대 무릎 베고 빈몸으로 가네

十年花下理芳盟　　십 년 동안 꽃 아래서 부부언약 잘 지켰으니
一段風流無限淸　　한 가락 풍류는 무한한 정치여라
情別枕頭兒女膝　　그대 무릎 베고 누워 이 세상을 하직하니
夜深雲雨約三生　　깊은 밤 운우 속에서 삼생을 기약하네

〈一休 · 日本 최고의 禪師〉

열반도 이처럼 풍류가 있어야 한다.
근엄하면 그만큼 정신적 여유가 없다.
천진이 풍류이고 허물까지 낭만이라고
무문관에서 말했지 않은가.

없는 가운데 길이 있다

出息入息   숨을 쉬었다가 다시 뱉고
前步後步   앞걸음 뒷걸음 가지만
生死去來   나고 죽고 오고 가고
箭鋒相拄   화살촉이 만나는 것 같네
無中有通路   없는 것 속에 길이 있어 통하니
是我眞歸處   이것이 진실로 내가 돌아갈 곳이네

〈月舟和尙 · 朝鮮〉

자기 고향으로 돌아가는 사람을 보고
서러워 하거나 슬퍼하지 말라.

떠난 사람이 자기 가슴속에
얼굴을 묻고 잠든 것을 본 사람
몇이나 될까.

한 줄기 바람처럼 왔다가

生時一陳淸風起　　태어나실땐 한 줄기 바람처럼 일어나고
滅去澄潭月影沈　　가실땐 저 연못에 달그림자 잠기듯 가네
生滅去來無罣碍　　나고 죽고 가고 옴에 걸림이 없어
示衆生體有眞心　　중생에게 보인 그 몸속에 참마음 있네
有眞心而休埋沒　　참마음은 없어지지 않거니
此時蹉過更何尋　　이 때를 놓치면 또 어느곳에서 찾으리.

〈懶翁선사〉

스승 指空和尙이 入寂했을때 읊은 詩

육신이 불에 타서 흩어지고 나면
어느곳에서 그대 자신을 찾을건가.

본래 내 고향일세

七十八年歸故鄉   칠십팔 년 고향으로 돌아가니
天地山河盡十方   이 산하 대지 온 우주가 법계이네
利利塵塵皆我造   삼라만상 모든 것은 내가 만들었으니
頭頭拘拘本眞鄉   이 모든 것은 본래 내 고향일세

〈瀨翁禪師·高麗〉

태어났다고 만물이 축이 난 것도 아니고
죽어서 흙으로 돌아간다고
만물이 불어 난 것도 아니다.
4월에 철쭉이 피면 그대 만나러 갈걸세.

몸과 마음에 생사를 받지 않아

湛然空寂本無一物　　맑고 고요해 본래 한 물건도 없나니
靈光赫赫洞徹十方　　신령스런 불길이 온누리를 비추네
更無身心受彼生死　　몸과 마음 다시 생사를 받지 않아
去來往復也無罣碍　　가고 오고 감에 걸림이 없구나

〈涵虛禪師 · 朝鮮〉

맑은 영혼에는 허물이 없다해도
일생을 통해 만든 업신에는
그 죄업이 하늘에 가득하다.

도를 배우는 사람이 부처가 되려고 한다면 불법을 모조리 배울 것이 아니라
오직 구함이 없고 집착이 없음을 배워야 한다.

〈임제〉

이 몸 벗고 고향으로 돌아가네

七十餘年遊幻海　　칠십 년 동안 환영의 바다에 놀다가
今朝脫殼返初源　　오늘 아침 이 몸 벗고 근원으로 돌아가네
廓然眞性元無碍　　본성은 확연하여 걸릴 것 없나니
那有菩提生死根　　여기에 어찌 깨달음과 나고 죽음이 있으리

〈浮休禪師·朝鮮〉

亦不忻天堂 畏地獄 縛脫無碍
천당을 좋아하지 않았고 지옥도 두려워하지 않고
나아가 속박과 해탈에 걸림이 없어야 한다.

〈백장〉

무슨 인연으로 이 세상에 왔는가

泥牛入海杳茫然　　진흙소는 바다에 돌아가 소식 없으니
了達三生一大緣　　삼생의 큰 인연 이제 다 끝마쳤네
何事更生煩惱念　　무슨 일로 또 다시 번뇌 일으켜
也來齋閣公陳篇　　옛 경전의 글귀따라 우왕좌왕 하겠는가

〈月堂・朝鮮〉

佛則不可取之佛
乃是本源清淨心
부처란 취할 수 없는 부처로서
본래 근원이 청정한 마음이다.

〈임제〉

내 뼈와 살을 숲 속에 버려라

空來世上   공연히 이 세상에 와서
特作地獄滓矣   지옥의 찌꺼기만 만들고 가네
命布體林   내 뼈와 살은 저 숲속에 버려두어
麓以飼育獸   산짐승들의 먹이가 되도록 하라

〈孤閑熙彦 · 朝鮮〉

삶과 죽음에 얽매이지 않은 사람은
산짐승들 앞에서
자기의 살점을 한 점 한 점 뜯어서
먹이를 줄 수 있다.

깊은 산속에 율무꽃이 핀 자리에
나는 지난날 雲水를 만나고

죽어서 율무꽃이 된 雲水는
저문 봄날 소쩍새를 만나

전생에 살았던 마음을 전한다.

입을 벌리면 목이 잘리네

解脫非解脫   해탈은 해탈이 아니요

涅槃豈故鄕   열반을 어찌 고향이라 하리요

吹毛光爍爍   저 칼날빛 빛나리

口舌犯鋒鋩   입벌리면 그대로 목이 잘리네

〈逍遙禪師·朝鮮〉

진실을 깨달은 사람은

전생에 빚진 무게를 찾을 수 없다.

버릴 것을 모두 미리 버렸기 때문에

열반한 후에는 남길 것이 없다.

살아서 교묘한 처세로

마치 원숭이가 이 나무 저 나무를

옮겨 앉듯 산 사람은

그 재능으로 받은 훈장과 감사패만

영전에 남더라.

중국 지단(志端)선사는 임종에 이르러 '그대들을 버리고 가노라.
나의 시신을 시주의 땅에서 태우지 말라. 태운 재도 시주의 땅에 흩어지지
않게 하라.' 하였다.

저 허공을 꿰뚫어라

一隻龜毛箭　　거북털 화살 한 개
三彈兎角弓　　토끼풀 활시위에 걸어 세 번 쏘네
嵐嵐吹坐處　　먼 산 이내 되는 곳에 아득히 앉아
直射破虛空　　곧바로 저 허공을 꿰뚫어 부수었네

〈中觀禪師・朝鮮〉

法縛不得

법에 얽매이면 자유롭지 못하다

〈백장〉

요한 바오로 23세는 임종을 눈앞에 두고 '걱정할 것 없습니다. 여행가방을 미리 꾸려 놓았습니다. 떠날 순간이 오면 지체하고 싶지 않습니다' 하였다.

봄이 와도 꽃이 피지 않고

一條古木似寒灰　　한 그루 고목이 차가운 재가 되었으니
頗有逢春花不開　　자못 봄이 와도 꽃은 피지 않네
歲歲年深風雨折　　세월은 흐르고 비바람에 꺾이다가
今將都付丙丁臺　　이제 불속으로 영원히 가네

〈任性堂·朝鮮〉

無能無聖爲佛聖
잘하는 것도 없고 성스러움도 없어야
성스러운 부처님이라고 할 수 있다.

〈백장〉

중국 어떤 선사는 제자들에게 '내 육신이 너무 시은을 많이 입었다. 화장을 하지말고 깊은 바다에 버려 고기들이 뜯어 먹도록 하라'고 당부한 후 눈을 감았다.

구름은 텅비어 있는 것

浮雲自體本來空　　뜬 구름 자체는 본래 텅비어
本來空是太虛空　　본래 비어있는 것은 이 허공이네
太虛空中雲起滅　　저 허공속에 구름이 일어났다 사라지나
起滅無從本來空　　일어났다가 사라지는 것은 본래 없는 것이네

〈月渚堂 · 朝鮮〉

不用將佛覓佛人
부처를 가지고 부처를 찾지 말라.

〈백장〉

영안(永安)선사는 출가하여 일생동안 화엄경에 심취해 있었다.
그렇다고 화엄의 진리에 집착되어 있었던 것은 아니었다.
그가 임종하여 화장했을때 육신의 모든 부분이 타서 재가 되었으나
혀만 타지 않고 남아 있었다.

헤어지면 어느 곳에서도 볼 수 없네

一星揮破三生夢　　한 소리 외치니 삼생의 꿈 깨어지고
隻杖撞開大寂關　　외지팡이 휘둘러 대적관을 여네
萬古堂堂眞面目　　만고에 당당한 진면목이여
何時何處不相看　　어느 때 어느 곳에서도 서로 볼 수 없네

〈無竟 · 朝鮮〉

佛是無著人 無來人 無依人 如今波波貪覓佛 盡皆背也
부처님은 집착이 없는 사람이며 구함이 없는 사람이며
의지함이 없는 사람이니 지금 분주하게
부처가 되고자 탐착한다면 모두가 어긋날 것이다.

〈백장〉

서산청허는 임종을 앞둔 사람에게 우뢰와 같은 법문을 쏟아 놓고 있다.
'사람이 임종할 때 티끌 만큼이라도 성인이다, 범부다 하는 생각이 남아
있게 되면 나귀나 말의 뱃속에 끌려 들기 쉽고, 지옥의 끓는 가마속에 처박
히게 된다' 하였다.

천지는 면목이 없다

乾坤無面目　　천지는 면목이 없는데
能道有形端　　도는 형단이 있네
永別浮虛體　　부질없는 이 몸과 이별하고
孤明渾大閑　　외로히 밝은 것만 누리에 차네

〈松桂禪師〉

佛云不異舊時人 祇異舊時行履處
부처가 되었다고 옛날 사람과 달라진 것이 아니라
옛날 하던 짓과 다를 뿐이다.

〈백장〉

천황도오선사는 임종에 이르러 院主를 불러 '알겠는가' 하고 물었다.
院主가 모르겠다고 하자 목침을 방바닥에 던진 후 입적하였다.

달은 일천강에 잠기고

吾說一切法　　일평생 내가 말한 이 모든 것들
都是早騈拇　　이 모두가 불필요한 군더더기네
若問今日事　　오늘의 일을 묻는다면
月印於千江　　달은 저 일천강에 잠긴다하리

〈曉峰禪師〉

佛直是纏外人 邠來纏內與麽作佛
부처님은 속박을 벗어난 사람인데
도리어 얽매임 속으로 들어가 부처가 되었다.

〈백장〉

〈벽암록〉에서 시퍼런 칼날을 휘두르던 설두중현에게 제자가 유계를 부탁
하자 '내가 평생에 말을 너무 많이 한 것이 걱정이다' 한 후 대중들에게 소
지품을 나누어 주고 목욕을 한 후 입적잠였다.

생사마저 이르지 못한 곳

生死不別處　　생사가 이르지 못한 곳
別有一世界　　또 하나의 세계가 있네
垢衣方落盡　　더러워진 옷 이제 벗나니
正是月明時　　마음달은 밝기만 하네

〈慧眼·현대〉

本來不認自知 自覺是自己佛 向外馳求覓佛
스스로 알고 절로 깨닫는 이것이 자기부처인줄
모르고 밖으로 치달리며 부처를 찾는다.

〈백장〉

중국 경통(景通)선사는 세상을 떠날 때에 손수 다비목을 들 가운데 쌓아
놓고는 '신도들 집에 가서 어디 좀 다녀오겠다' 하직하고 제 손으로 불을
놓아 불속으로 들어가 선 채로 입적하였다.

그 죄업이 하늘에 넘치네

生平欺狂男女郡　　한 평생 남녀를 속였으니

彌天罪業過須彌　　그 죄업을 하늘에 넘치네

活陷阿鼻恨萬端　　산 채로 지옥에 떨어져 그 한이 만갈래라

一輪吐紅挂碧山　　한 덩이 붉은 해는 푸른 산에 걸려있네

〈性徹禪師 · 現代〉

임종을 맞거던 고해성사를 하라

참회는 그대를 새롭게 태어나게 할 것이다.

듣는 쪽은 죽음 뿐이다.

그대들 면목을 숨기지 말고 내보여라.

슬프다 종문의 큰 도둑이여

哀哀宗門大惡賊　　슬프다 이 종문의 큰 도둑이여
天上天下能幾人　　천상천하에 너같은 놈 몇이나 되나
業緣已盡撤手去　　인연이 다하여 손을 털고 가니
東家作馬西舍牛　　동쪽 집의 말이 되었는가 서쪽 집의 소가 되었는가

〈香谷이 入寂했을때 哀悼한 詩·性徹〉

弔詩로써는 뛰어난 작품이다.
죽음을 그대로 받아들이면 슬픔이 되지만
역설과 초월이 합쳐지면
중생이 알아들을 수 없는 찬사가 된다.

죽어서 소와 말이 되어
어느 농가집에서 만나서
웃는 걸 볼까.

도솔천이 어디냐

黃岳五十年   황악산에서 오십 년
今朝始出山   오늘 아침 비로소 산을 떠나네
兜率何處去   도솔천이 어디냐고 묻는다면
拈起柱杖看   주장자를 들어 보이리라

〈齊山 · 近代〉

萬類之中 箇箇是佛
여러 만물이 낱낱이 부처이니라.

〈황벽〉

중국 普化존자는 대중들에게 새옷 한벌을 해달라고 주문했다.
그는 일생동안 누더기만 입고 살았기 때문이다.
주지가 새로 만든 장삼 한 벌을 내밀자 이 옷은 내가 입을 옷이 아니라고
거절했다. 이 소식을 들은 임제선사는 관(棺)을 준비해 놓았다가 普化존자
에게 주었다. 그때야 普化는 임제가 새옷을 주었다고 관을 메고 덩실덩실
춤을 추었다고 한다.

이 마음이 내집일세

寂寂本故鄕　　고요한 성품이 본래 고향이요

惺惺是我家　　또렷한 이 마음이 내 집일세

現前古佛路　　옛부처 오고 간 길 눈 앞에 드러났으니

不昧是阿物　　신령스런 이 물건은 무엇인가

〈無念和尙·朝鮮〉

種種形貌 喩如屋舍하야 捨驢屋入人屋

捨人身至天身 及至聲聞緣覺菩薩佛屋

皆是汝取捨處 所以有別 本源之性 何得有別

온갖 형상과 모습은 마치 집과 같다.

나귀의 집을 버리고 사람의 집으로 들어가기도 하고

사람의 몸을 버리고 하늘의 집으로 들어가기도 하고

성문·연각·보살·부처의 집은 모두 네 자신이 취하고 버린
곳이다.

그래서 모든 차별이 있는 것이지만

본래의 근원의 성품에는 차별이 없다.

〈황벽〉

내 몸은 본래 내 것이 아니네

人生七十歲	사람이 칠십을 사는 것
古來亦希有	옛부터 드문 일인데
七十七年來	일흔일곱까지 살다가
七十七年去	일흔일곱이 되어 떠나니
處處皆歸路	곳곳이 내가 가는 길이요
頭頭是故鄕	모두가 내 고향이라
何須理舟楫	어찌 상여를 만드리요
特地欲歸鄕	이대로 고향에 돌아가니
我有本不有	내 몸은 본래 있는 것이 아니요
心亦無所住	마음 또한 머물 곳 없어라
作灰散四方	한 줌 재는 사방에 뿌리되
勿占檀卽也	시주의 땅을 더럽히지 말라

〈白雲景閑·高麗〉

山何大地日月星辰 摠不出汝心
都來是箇汝自己
산하대지와 일월성신 모두 너의 마음을 벗어나지 않으니
모두 너의 본래면목이다.

〈황벽〉

오고 감에 이 관문을 벗어나지 않아

來不入死關	올 때도 죽음의 관문에 들어오지 않았고
去不出死關	갈 때도 죽음의 관문을 벗어나지 않았도다
鐵蛇鑽入海	무쇠 뱀이 바다 속으로 들어가니
撞倒須彌山	수미산을 쳐서 무너 뜨리도다

〈高峰原妙・中國〉

天眞自性 本無迷悟
천진스런 自性은 본래 미혹한 것도 깨칠 것도 없다.

〈황벽〉

불경을 보면 험래과(驗來果)란 말이 나온다.
죽는 모양에 의하여 그 사람이 내세의 과보를 미리 증험한다는 뜻이다.
선한 일을 한 사람이 죽을 때에는 아래로부터 차가워져서 배꼽에 이르고,
그 이상은 따뜻한 채로 숨이 끊어진 사람은 人界에 태어나고, 아래로부터
차가워져서 머리까지 이르고 정수리가 따뜻한 채로 숨이 끊어지는 사람은
天上界에 나고, 또 악한 일을 한 사람이 위로부터 차가워져서 배꼽에 이르
고, 허리 밑으로 따뜻한 채 숨이 끊어진 사람은 아귀로 태어나고, 위로부터
차가워져서 무릎까지 이르며 무릎부터 아래는 따뜻한 채 숨이 끊어지는
사람은 축생으로 태어나고, 또 머리에서 발까지 차가워져서 발바닥은 따
뜻한 채 숨이 끊어진 사람은 지옥에 태어난다고 한다.
성인이 열반에 들 때는 심장과 정수리가 모두 따뜻하다고 한다.

팔십 년 생애가 허공의 꽃

年逾八十似空花　　80년의 생애 허공 가운데 꽃이요
往事悠悠亦眼花　　지난 일도 아득하여 눈 앞에 아지랑이 뿐
脚末跨門還本國　　다리가 문턱을 넘기도 전에 고향에 돌아가니
故園桃李已開花　　옛동산에 복사꽃은 흐드러지게 피었네

〈敬聖大德·朝鮮〉

覓則失却
찾으면 잃을 것이다.

〈황벽〉

성인과 범부를 죽여라

四十有八　　내 나이에 마흔 여덟
聖凡盡殺　　성인이고 범부이고 죽여라
不是莫雄　　내가 영웅이기 때문이 아니라
龍安路滑　　다만 용궁으로 가는 길이 미끄러워서라네

〈從悅·中國〉

向外作工夫　緦是痴頑漢
자기 밖에서 조작을 부리는 사람은 모두 바보들이다.

〈임제〉

붉은 화로에 한 점 눈송이

千計萬思量　　천가지 계획 만가지 생각
紅爐一點雪　　붉은 화로에 한 송이 눈일세
泥牛水上行　　진흙소가 물 위로 가니
大地虛空烈　　하늘과 땅이 갈라지네

〈西山·朝鮮〉

無事貴人 但莫造作 祗是平常
일없는 사람이야말로 정말 귀한 사람이다.
일부러 조작하지 말고 평상시 그대로하라.

〈임제〉

나고 죽음의 속박을 끊고

鐵樹開花　　무쇠나무에서 꽃이 피고

雄鷄生卵　　수탉이 알을 낳도다

七十二年　　일흔두 해만에

搖籃絶斷　　요람의 줄을 끊는다

〈或庵・中國〉

無明 卽是一切諸佛得直之處

所以緣起道場

무명이란 바로 모든 부처님들께서 도를 얻은 자리며

연기법이 바로 도량이다.

〈황벽〉

산 채로 묻어다오

五十七年幸自好　　다행히 오십칠 년 지내오다가
無端破戒作長老　　까닭없이 파계하여 큰스님 되었구나
如今掘地且活埋　　이제는 땅을 파서 산 채로 묻어다오
旣向人前前亂掃　　내 이미 사람 앞에 말끔히 도려냈노라

〈保安可封·中國〉

故知 一切諸法 皆由心造
及至人天地獄六道修羅
盡由心造
일체제법이 마음으로 말미암아 만들어진 것이며
인간·천상·지옥·육도·아수라가
모두 마음으로 인해 만들어진 것이다.

〈임제〉

죽음이 오니 즐겁구나

寄怪這靈物　　기특하고 신령스런 물건이여
臨終尤快活　　죽음이 오니 더욱 즐겁구나
死生無變容　　나고 죽음에 달라지지 않나니
皎皎秋天月　　가을 하늘에 달이 밝도다

〈楓潭義諶 · 朝鮮〉

若欲作業求佛 佛是生死大兆

만약 어떤 행위를 통해서 부처가 되려 하면

부처가 오히려 생사를 초래하는 씨앗이 될 것이다.

〈임제〉

잿더미 속에 무슨 사리가 있으리오

地水火風先拂紀　　지수화풍을 버리니
冷灰退離無舍利　　차가운 잿더미 속에 무슨 사리가 있으리오
掃向長江白浪中　　장강의 물결 속에 모두 뿌리니
千古萬古第一義　　이는 천년 만년의 진리로다

<大川普濟·中國>

欲得作佛 莫隨莫物

부처가 되고자 하면

만물을 따라가지 말라.

　　　　　<임제>

불구덩이 속에 몸을 숨긴다

紅焰藏吾身　　불구덩이 속에 내 몸을 숨겼나니
何須塔廟薪　　어찌 탑묘를 세울 것인가
有人相肯重　　사람의 나타난 모습은 소중하나
灰裡貌全肯身　　재 속의 그 모습이 참부처라네

〈梁山緣觀·中國〉

求佛하면 失佛이니라

부처를 구하면 반드시 부처를 잃을 것이다.

〈임제〉

바람이 거문고를 탄다

一天白日露眞心　　하늘에 밝은 해가 진심을 드러내니
萬里淸風彈古琴　　만리에 맑은 바람 오랜 거문고를 타는구나
生死涅槃曾是夢　　생사열반이 일찍부터 꿈이려니
山高海闊不相侵　　산은 높고 바다 넓어 서로 방해롭지 않구나

〈日陀 · 現代〉

신령스런 주인이
흘러가는 계곡물로
거문고를 타고 있다

일타(日陀)스님 가족이 출가했다는 사실은 널리 알려져 있다.
그는 누이가 비구니로 있다가 입적하여 49재를 지낼 때에 직접 집전을
했다고 한다. 일타(日陀)스님은 누이의 왕생극락을 빌지 않았다.
영전 앞에 '누나 미국에 한번 가봐. 거기서 태어나 하고 싶은 공부나 해'
하고 축원을 하자 그날 밤 미국에 있는 소영이 집에서 일타스님 누나의
꿈을 꾸고 태기가 있어 아이가 태어났다고 한다.
이것을 일타스님은 누나의 환생이라고 믿고 있다.

오늘에야 일을 마쳤네

閱過行年六十七　　살아온 한평생 예순일곱일세
及到今朝萬事畢　　오늘 아침에 이르러 모든 일 끝마쳤네
故鄕歸路坦然失　　고향가는 길 평탄하게 툭 트였으니
路頭分明未曾失　　그 길은 일찍이 잊은적 없네

〈圓鑑國師・高麗〉

有一箇佛魔 同體不分 如水乳合
부처와 마구니가 뒤섞이고 물과 우유가 섞여 구분할 수 없다.

〈임제〉

떠난줄 알았더니 본래 그 자리네

廻廻一生　　일생을 돌고 돌았지만
未移一步　　아직 한 걸음도 옮기지 않았으니
本來其位　　본래 그 자리는
天地以前　　천지 이전이니라

〈月山 · 現代〉

살다가 서로 떠난 것은
이별이 아니다

형상이 불에 타 재가 되었을 때
이별이 되는 것이다.

나무 사람이 피리를 불고

木人嶺上吹玉笛　　나무 사람은 고개 위에서 피리를 불고
石女溪邊亦作舞　　돌계집은 계곡에서 춤을 추네
威音卽畔進一步　　시간과 공간 이전 한 걸음 나아가니
歷劫不昧常受用　　역겁에 매하지 않고 항상 수용한다

〈香谷·現代〉

차(茶) 속에 있는 향기는
향기가 아니다.

사람의 가슴 속에
깨달음의 향기가 묻어나오면
꽃처럼 피어날 것이다.

꽃이 피는 것이
어찌 新熏成佛이 아니라요.

바람과 소요하다가 오네

眞性圓明本自空　　참된 성품은 밝아 본래 공적하고
光照十方極淸淨　　신령스런 빛이 시방 청정 세계를 비추니
來與淸風逍遙來　　올 때는 청풍과 더불어 소요하다 왔고
去隨明月自在去　　갈 때는 밝은 달을 따라 스스로 가네

〈慈雲·現代〉

가슴을 데워야
江이 열리고

그리움이 깊어야
산이 움직이네

바람이 잔설을 몇 번 쓸고
잠 못이루는 밤을 지새우며
몸을 뒤척이면

저렇게 꽃은 문을 열고
바람과 함께 소요하며 오는 것을.

팔십 년이 꿈이었네

回顧八十年　　팔십 년을 뒤돌아 보니

猶如南柯夢　　오히려 남가의 꿈만 같네

夢中又說夢　　꿈 가운데 또 꿈을 말하니

可笑夢中事　　우습다 꿈 가운데 일이여

〈昔巖 · 現代〉

갈고 닦은 마음이

꽃을 피울

꽃밭이 되지 못한다면

산과 들에 핀

꽃을 보고 무어라고 설법을 하겠는가.

진리의 몸에는 태어남이 없네

72

法身本無生	법신에는 본래 태어남이 없고
四大元無實	육신에는 원래 실다움이 없네
色空無二道	색과 공이 둘이 아닌데
清風自去來	맑은 바람만 스스로 가고 온다

〈映巖 · 現代〉

본래 태어남이 없고
죽음의 관문을 벗어나 가는 사람에게
무슨 서러움이 남아 있겠는가.

텅빈 산이 진리의 몸이네

無形叩之卽有靈　　비록 형상은 없지만 두드리면 신령스러움이 있고
三毒火湯過平生　　삼독으로 화탕지옥에서 한평생을 지냈다
脫却體露還本鄕　　이 몸 버리고 고향으로 돌아가니
寒月空山屬眞人　　차가운 달 빈 산이 진리의 몸이로다

〈瑞雲・現代〉

그리울 때는 말을 하지 말라.
사랑하고 있을 때는
그것은 사랑이 아니라 애욕이다.
애증을 버리고 났을 때
사람을 사랑해 보라.

가고 옴에 걸림 없어

靈鷲片雲　　영축산 조각 구름이
往還無際　　가고 옴에 걸림이 없이
忽來忽去　　홀연히 왔다가 홀연히 가는 것 같이
如是如是　　이와 같고 이와 같다

〈碧眼·現代〉

자신을 앞세우고
몇 가지 특징으로 칭찬받는 사람은
반드시 진실을 감추고 있다.
그 위선이 사람들의 시선을 이끈다.
허물을 드러내 놓고 산 사람이
천진함을 지닌 사람이다.

불 속에 한 송이 눈

八十七年事　　여든일곱 살았던 일이
七顚八倒起　　일곱 번 넘어지고 여덟 번 꺼꾸러졌다가 일어남이라
橫說與竪說　　횡설수설한 모든 것이
紅爐一點雪　　불이 단 난로 속에 한 송이 눈이네

〈春性 · 現代〉

자유를 누리다 그 자유에 집착하다보면
자신은 자유에 속박 당하고 만다.

눈이 멀고 벙어리가 되어야

山色人我相	산 빛도 인아의 모습이요
流水是非聲	흐르는 물도 시비의 소리로다
山色水聲離	산 빛도 물소리도 떠난 곳에서
聲啞居平生	귀머거리 벙어리 되어 한평생을 살아라

〈呑星·現代〉

만물을 따라
마음이 움직이지 않고
귀머거리 벙어리가 될 때
천진의 문이 열린다.

불 속에 웃고 있는 참된 사람

四大今離主　　육신이 이제 주인을 여의니
眞人火中笑　　참된 사람이 불 가운데서 웃고 있네
此是甚麼物　　이것은 무슨 물건인가
箇中無佛祖　　이 가운데 부처와 조사는 없다

〈象默·現代〉

고통이 그대를 깨우치는 법문인 것을
젊은날에는 몰랐고
슬픔이 그대를 아름답게 가꾸는 수행인 것을
눈물이 날 때는 몰랐다.
모든 것을 버리고
한줌 재가 되니
본래 그 자리이네.

푸른 벼랑에 서서

臨行擧目   죽음에 이르러 눈을 치켜 뜨니
十方碧落   시방세계 푸른 하늘일세
無中有路   아무것도 없는 가운데 길이 있으니
西方極樂   서방극락 세계일세

〈涵虛 · 朝鮮〉

사랑을 했노라
눈이 마주친지 십 년이 되어
남몰래 사랑을 가졌노라

뜰앞에 목련이 가슴 속으로 와 피어
그리움으로 자리할 줄은 몰랐어라.

서러운 몸짓을 하며
꽃잎이 질 때는
바람이 되어 따라고 가고 싶더라.

사람이 아닌 목련을 사랑했기에
일 년마다 그리움으로 만날 수 있더라.

마음달이 밝아서

心月孤圓　　마음달이 뚜렷이 밝아서
光吞萬像　　그 빛이 만상을 삼켰네
光境俱亡　　빛과 경계 모두 없으면
復是何物　　다시 이 무슨 물건인가

〈鏡虛 · 近代〉

말과 생각이 끊어진 자리에
당신은 그리움이 되어 있더니
비가 오는 날 雲水로 와
내 옷을 적시고 있더라.

인생이란 타향살이

生來寄他界   인생이란 타향살이
去也歸吾鄕   죽음이란 고향 가는 것
去來自雲裡   흰구름처럼 오고 가는데
且得事平常   또 일상 속에 무엇을 얻겠는가

〈碧霞·朝鮮〉

집착과 애착을 남기지 않았다면
이승은 어쩔 수 없이 낯선 곳이다.

맨발로 수미산에 올라

平生無伎倆   일생동안 아무런 기량도 없이

赤脚支須彌   맨발로 수미산을 올라갔네

一步闊步一   한 발 한 발 크게 내딛으며

三更過鐵圍   야반삼경 수미산을 지나가네

〈比礀·中國〉

밤새 부르는 소리에

창문을 여니

구름 한 점이

앞산을 넘고 있더라.

모든 인연 쉬어 버리고

閱盡人間七十秋	인간 칠십 다 겪은 후에
萬緣今一日時休	오늘에야 모든 인연 쉬어 버렸네
虛空撲破渾閑事	허공을 때려 부숨도 부질없는 일
驚起全身露地中	놀라서 일어나보니 온 몸이 법신일세

〈龍牙·中國〉

수행인도 늙으면
어린애 같은 天眞으로 돌아가
젊은날 그리움을 이야기하고
부질없는 명예를 드러내더라.

그림자를 떨어 뜨리고

空花落影   허공꽃은 그림자를 떨어 뜨리고

陽焰飜波   아지랑이 파도 위에 일렁인다,

〈龐居士·中國〉

관(棺) 속에 육신을 버려두고
혼령만이 산으로 돌아가더니
따라오는 영혼을 위해
산을 옮겨 강을 열고 있더라.

부처와 범부도 허망한 것

諸佛凡夫同是幻　　부처니 범부니 모두 허망한 것
若求實相眼中埃　　실상을 구한다면 눈 속의 티끌
老僧舍利包天地　　노승의 사리 천지를 뒤덮었으니
莫向空山發冷灰　　빈 산을 향해 차거운 잿더미 뒤지지 말라

〈祖元·中國〉

사리(舍利)를 찾는 사람들을 보면
욕망을 채울 그릇을 가진 자들이더라.

눈 밝은 선지식일수록 사리를 수습지 말라고
유훈을 남기고 진실한 제자들은
스승이 다니던 길가에 뿌리고
봄이면 길가에 핀 꽃 속에서
以心傳心의 미소를 읽더라.

천당으로 가지 않고 지옥으로 가네

今朝六月六　　　오늘은 유월육일

谷泉受罪足　　　나 곡천은 죄를 톡톡히 받았으니

不是上天堂　　　이제 천당으로 가지 않고

便是入地獄　　　지옥으로 들어가노라

〈谷泉·中國〉

천당에는 할 일이 없어 심심하고
지옥으로 가야 삶의 맛을 느낄 수 있다고
눈 밝은 선사들은 말하고 있다.
사람의 향기와 사람의 맛이 없는 사람에게
자비를 기대하지 말라.

인간의 부귀영화 마치고

幻人來入幻人鄉　　부질없이 왔다가 부질없이 고향에 돌아가네
五十餘年作戲狂　　오십여 년 간 온갖 미친 놀음하다가
弄盡人間榮辰事　　인간의 부귀영화 모두 마치고
脫僧傀儡上蒼蒼　　허수아비 중 모습 버리고 푸른 하늘로 간다

〈普雨·朝鮮〉

한 번 벼슬이
온 생애를 더럽힐 수 있다.

가죽 속 뼈다귀를 던져 버리니

來時無物去亦無　　올 때 한 물건도 온 바 없으니 갈 때 또한 그러하리
譬似浮雲布太虛　　이는 허공에 뜬 구름 같은 것
抛下一條皮袋骨　　한가닥 가죽 속의 뼈다귀를 던져 버리니
還如箱雪入紅爐　　타고 있는 화롯불 속에 눈송일세

〈圓鑑遠 · 中國〉

도반 스승이 열반하여 다비하던 날
보았다.
마치 죽은 짐승을
태워버리듯 시신을 태워버리고
얼굴에 슬픈빛 없이
돌아가던 사람들을 보았다.
자신이 입적하면 저 모습이
될거란 생각을 하는 사람은
없었다.
그것이 슬픔이었다.

선 시

중은 졸고 새는 지저귀고

非山又非里　　산도 아니요 또한 들도 아닌 곳
庵隱松竹岺　　소나무 아닌 곳에 암자는 숨어 있네
僧睡雀復啼　　중은 졸고 참새는 지저귀니
且道是何心　　일러라 이것이 무슨 마음인가

〈雲峰·近代〉

새들도 格外를 노래하더라

90

춘정을 못이겨 우네

夜雨花落城　　지난 밤비에 꽃은 졌는데
鳥未盡春情　　새는 춘정을 못이겨 우네
去來本空寂　　가고 옴이 본래 없는데
白月唯照明　　달빛만 홀로 비추고 있네

〈雲峰・近代〉

사람을 기다리지 말고
기다림을 가져라.

지팡이 청산에 걸어두고

一條柱杖挂靑山　　한 자루 지팡이를 청산에 걸어 두었더니
非心非佛亦非物　　마음도 부처도 아니요 또 물건도 아니며
有人這裡透得過　　그대 이 속을 뚫고 지나간다면
塵劫圓明長不昧　　기나긴 세월 가도 언제나 깨어있네

〈香谷·現代〉

번뇌 속에 너의 참된 면목이 있다.

나를 찾지만

人皆稱我言　　사람들은 모두들 나라고 부르지만
我住何處去　　내가 머문 곳은 어느 곳에 있는가
覓身不可見　　몸속을 찾아봐도 볼 수 없나니
不見是眞我　　볼 수 없는 이것이 진짜 나이네

〈曉峰·現代〉

자기에 집착하면
보는 시야가 좁아진다.

누가 西來意를 묻는다면

着火廚中眠忽明　　부엌에서 불 땔 때마다 문득 눈이 밝았네
從玆古路隨緣清　　일로부터 옛길은 인연따라 맑아지네
若人問我面來意　　누군가 西來의 뜻을 묻는다면
岩下泉鳴不滋聲　　바위 아래 샘은 울고 소리는 젖어들지 않네

〈漢岩 · 近代〉

산에서 나무를 해다가
손수 밥을 해 먹어 보아라
이밖에 도가 따로 있는가.

얻고 잃는 것 놓아버려라

得處便是失　　얻으면 잃어버리고

失處便是得　　잃으면 다시 얻나니

得失放下着　　얻고 잃는 것 놓아 버리면

頭頭毘盧耶　　이 모두가 그대로 비로자나불이여

〈滿空·近代〉

득실을 버려야
실상이 보인다.

먹지 못한 두견이 우네

舊來是非如如客 　예로부터 시비에 초연한 길손
難德山止劫外歌 　난덕산에서 겁외가를 그쳤네
驢馬燒盡是暮日 　나귀말도 태워 다하고 저문날에
不食杜鵑恨小鼎 　먹지도 못한 두견이 숯적다 우네

〈滿空·近代〉

몇십 년 사랑한 사람이 죽어 환생하여
소쩍새는 저토록 울고 있다.

이 육신 벗고 어디로 가셨는가

善惡過虎佛　　착할 때는 부처님 같고 악할 때는 범을 능가하니
是鏡虛禪師　　이 이가 경허선사라
還化向甚處　　이 육신 벗고 어디로 가셨는가
酒醉花面臥　　술에 취해 누워있는가

〈滿空·近代〉

惺惺한 것을 알려거든
취해보라.

복사꽃 피고

佛祖元不會   불조도 원래 알지 못하고
我亦無所得   나 또한 아무것도 얻은 바 없네
春深桃花發   봄 깊어 복사꽃 피고
淸風吹靈山   맑은 바람은 영산에서 불어오네

〈龍城·近代〉

복사꽃 속에 진여가 있다.

할 일 없어

佛與衆生吾不識　　부처니 중생이니 내 알 바 없어
年來宜作醉狂僧　　평생을 그저 술에 취한 미친 중이라
有時無事閑眺望　　때로는 할 일 없이 멀리 바라보고
遠山雲外碧層層　　먼 산은 구름밖에 층층이 푸르네

〈鏡虛·近代〉

부처와 중생을 버리고
일생 동안 취해 있는 것도 행복이다.

할 일 없는 가운데 할 일 있어

無事猶事成   할 일 없는 가운데 할 일 있어
掩關白一眠   문고리 걸고 낮잠 자네
幽禽知我獨   깊은 산새가 나홀로인줄 알고
影影過窓前   그림자 남기면서 창 앞을 지나가네

〈鏡虛·近代〉

아무리 좋은 일이라 하더라도
일 없는 것만 못하다.

온누리가 꿈이다

天地是夢國　　온누리가 꿈이니

莫作夢中夢　　꿈 속에 꿈을 꾸지 말라

曉月始覺夢　　한바탕 부질없는 꿈 깨고 나면

本來無事人　　본래 아무일도 없었던 사람이다.

〈作者未祥〉

꿈 속에서 지옥가는 일을 하지 말라.

죽음이 없는데 삶이 있으리요

欲知妙眞處	진실로 묘한 곳 알고 싶거든
莫著有無字	유무 두 글자에 집착하지 말라
有無是生死	유무가 나고 죽음이니
無死豈有生	죽음이 없는데 어찌 삶이 있으리

〈作者未祥〉

삶과 죽음도 꿈인 것을

말 없이 서로 보고 미소만 짓네

池邊獨自坐	못가에 홀로 앉아
池底偶逢春	물 밑에 있는 스님을 우연히 만나
默默笑相視	말없이 서로 보고 미소만 짓네
知君語不應	이제야 그대의 말 없음을 알겠네

〈眞覺·高麗〉

以心傳心의
미소 속에는
깊은 강물만 있더라.

어느 곳에서 깨달음을 찾을건가

靈光無外爍虛空　　신령스런 빛은 온누리에 빛나고
德過恒沙蘊箇中　　헤아릴 수 없는 덕은 여기에 있네
凡聖本來同一地　　성인이나 범부가 본래 하나거니
更於何處覓圓通　　다시 어느 곳에서 깨달음을 찾을건가

〈眞覺 · 高麗〉

부처 있는 곳에도 머물지 말고
부처 없는 곳에도 머물지 말라.
부처를 찾는 것이 어리석음이 된다.

가는 곳이 그대로 열반이네

死生無盡日   나고 죽음은 끝없이 반복되는데
來去幾多時   그 얼마나 오고 가고 했던가
自有不錯路   여기에 길을 잘못 들지 않으면
行之卽涅槃   가는 곳이 그대로 열반이네

〈眞覺 · 高麗〉

무서리가 내리던 날
그리움은 깊어지더라.

고통이 이를 수 없는 곳

衆苦不到處　　온갖 고통 이를 수 없는 곳
別有一乾坤　　또 다른 천지가 열리네
且問是何處　　이곳은 어디인가
大寂涅槃門　　열반의 문 열리는 곳이네

〈眞覺 · 高麗〉

진실을 알리는 데에는
반드시 고통이 따른다.

석가가 이 세상에 오시기 전

釋迦不出世　　석가가 이 세상에 태어나기 전
達磨不西來　　달마가 중국에 오기 전
佛法遍天下　　불법은 천하에 두루하였고
春風花滿開　　봄바람에 꽃은 만발하였네

〈白雲 · 高麗〉

봄바람이 以心傳心을 말하고 있는데….

발자욱 옮기면 산빛이 따라오고

捲箔引山色　　발자욱을 옮기면 산빛이 따라오고
連筒分潤聲　　홈대 물소리 높낮이로 흐르네
終朝少人到　　온종일 찾아오는 사람은 드물고
杜宇自乎名　　두견이 홀로 제 이름을 부르네

〈白雲·高麗〉

입적하여 떠날 때
너의 모습을 거두어 가라.

꿈 속에 지냈는데

人生命若水泡空 인간의 목숨이란 물거품 같고
八十餘年春夢中 팔십여 년이 봄 꿈 속에 지나갔네
臨終如今放皮帒 가죽 주머니(육체)를 이제 버리니
一輪紅日下西峰 한 덩어리 붉은 해는 서산에 지고 있네

〈太古·高麗〉

원효스님은 하심을 하여
지금 사람과 비교하여 서열 3위를 얻더라.

일천성인 밖에 노니

提起吹毛利　　예리한 칼을 높이 들었으니
家風妙奇絶　　그 가풍은 기묘하네
逍遙千聖外　　저 일천성인이 밖에 노나니
月映蘆花雪　　달빛이 갈대꽃과 흰 눈에 비치고 있네

〈太古・高麗〉

남의 허물 말한 사람들이
혀를 뽑는 지옥 앞에서
고개를 떨군 이유는 무엇인가.

전체로 살아야 극락이 되네

學本爲修道	배움은 도를 닦기 위함이요
道本學全生	도를 닦음은 전체로 살기 위함이니
全生安樂國	전체로 살아 이 삶이 극락이면
何必轉千經	굳이 옛 경전을 읽을 필요가 없네

〈靑梅·朝鮮〉

사람을 모아 남의 비방을 하는 것도
장사가 되는 걸까.

실상이 그대로 생멸이네

生滅非實相　　나고 죽음은 실상은 아니나
實相是生滅　　실상이 그대로 생멸이네
非春去又秋　　봄은 가지 않고 가을은 오지 않았는데
靑葉染紅色　　아아, 푸른잎은 벌써 붉게 물드네

〈靑梅 · 近代〉

봄은 오지 않았는데
납자는 바람이 나서
하산을 하더라.

본래 한 물건도 없는데

雪走天無動　　구름 가나 하늘은 움직이지 않고
舟行岸不移　　배 가도 언덕은 옮겨가지 않네
本是無一物　　본래 한 물건도 없거니
何處起歡悲　　기쁨과 슬픔은 어느 곳에 있는가

〈鞭羊 · 朝鮮〉

권력이 있는 사람들은
문 밖을 나설 때 허물 속에 걸린다.

봄새가 누설하고 있네

天地都盧一鏡明　　하늘과 땅은 이 거울 속에 분명하고
孰云生滅許多情　　나고 죽음 말한 것은 그 누구인가
莫問西來端的意　　서쪽에서 오신 뜻 묻지 말라
春禽猶洩兩三聲　　봄새가 지저귀며 이미 누설하고 있네

〈中觀·朝鮮〉

위선을 해야 존경을 받는다.
그러나 새들이 누설한다.

만물의 주인이 되어

有物先天地　　한물건 있어 천지에 앞섰으며
無形本寂寥　　형체 없고 본래 고요하지만
能爲萬物主　　능히 만물의 주인이 되어
不逐四時凋　　사계절의 변화에 따르지 않네

〈中觀 · 朝鮮〉

권력이 있다고 많이 갖지 말라.
차라리 거지가 되라.

115

신령스런 옛주인

虛徹靈通舊主人   텅비고 사무치어 신령스런 옛 주인
古今天地一眞人   예나 지금 이 천지에 오직 한 사람
多經海岳風雲變   바다가 뽕나무 밭이 되고 되어도
落落巍巍不老人   우뚝 홀로 솟아 늙지 않은 늙은이

〈逍遙 · 朝鮮〉

신령스런 성품을 이끌고
꽃밭에 앉으면
철쭉이 되더라.

그림자 없는 나무

一株無影木　　한 그루 그림자 없는 나무를
移就火中裁　　불 가운데 옮겨 심나니
不假三春雨　　봄비 적셔주지 않아도
紅花爛漫開　　붉은 꽃 어지럽게 피어나리

〈逍遙・朝鮮〉

번뇌를 사랑하기가
여자 사랑하기보다 어렵다.

노래 끝나자 달이 밝네

石女夢回天欲曙　　돌계집이 꿈을 깰 때 하늘은 동이 트고
木兒唱罷月空明　　나무아이 노래 끝나자 달은 밝아오네
觀音院主雄而穀　　관음원 주인은 그 뜻이 넓고 넓어
魔佛都驅落下坑　　마구니와 부처를 모두 불구덩이 속에 쓸어넣네

〈靑梅·朝鮮〉

그대가 산을 돌아가면
강물은 그리움의 길을 열고 있네.

꿈 속에서 서방으로 가네

胡床白日眠	침상에 낮잠이 들어
蔓踏西方路	내 꿈은 서방정토를 밟네
黃鳥一聲中	새 우는 소리에 문득 깨어나니
依前忍界土	이곳은 여전히 사바세계네

〈오암집〉에서

저 놈의 새가 설한
격외도리를 알 수가 없다.

산새는 중이 선정에 든 것이 싫어서

盡日忘機坐　　진종일 나를 잊고 앉아서
春來不識春　　봄은 왔지만 봄을 알지 못하네
鳥嫌僧入定　　산새는 중이 선정에 드는 것 싫어서
窓外喚山人　　창 밖에 산사람을 부르네

〈喚惺 · 朝鮮〉

선정에 든 중을 보고
산새도 시샘을 하는데….

귀먹거나 눈멀지 않네

似虛還歷歷　　텅 빈 듯 하나 분명하고
如暗復晶晶　　어두운 것 같으나 눈부시나니
能聖亦能凡　　성인도 되었다가 또 범부도 되었다가
爲濁又爲淸　　더럽히기도 했다가 깨끗하기도 했다가
年深耶醜陋　　늙었다고 어찌 추할 것이며
歲去豈聲盲　　세월이 간다고 어찌 귀 먹거나 눈 멀겠나
德勝乾坤德　　그 덕은 천지의 덕을 능가하고
明逾日月新　　그 밝기는 해와 달을 앞서 버렸네

〈月峰 · 朝鮮〉

짐승들이 그대 허물을 말하는 것을 들어라.

내 몸속에 천지가 있는데

自有天眞道	내 몸속에 천진의 진리가 있는데
何須更悟之	또 무엇을 다시 깨친다고 하는가
欲參還失却	찾으려면 도리어 잃어버리고
要學便參差	배우려 하면 문득 잘못되네
處聖元無異	성인 속에 있어도 다를 바 없고
在凡本不虧	범부 속에 있어도 때묻지 않네
雖然如是事	비록 이와 같지만
修習轉淸奇	닦을수록 점점 기특해지네

〈月峰·朝鮮〉

음식 맛이 있듯이
사람 맛을 느낄만한 사람이 없네.

천진이 풍류다

非凡非聖　　범부도 아니요 성인도 아니라
一法不修　　한 법도 닦을 것이 없네
本有妙用　　본래부터 묘한 작용 있나니
天眞風流　　천진 그대로가 풍류네

〈鹽山·日本〉

허물도 풍류가 되는 낭만을 가져라.

얼굴 가득 봄바람

滿面春風　　얼굴 가득 봄바람이네
打開心藏　　이 가슴 열어 보이니
藏裏珍奇　　이 가슴 속에 진지한 보배 있나니
離名離相　　아름도 없고 모양도 없네

〈大通 · 日本〉

사랑한다는 말을 하지 말고
끝까지 미워하지 말라.
그리고 분노와 섭섭함이 있거든
바로 그것이 그대의 사랑이다.

물건마다 진여를 나투네

乾坤幷萬象　　천지와 삼라만상
地獄及天堂　　그리고 지옥과 천당이여
物物皆眞現　　물건마다 진여를 나투니
頭頭總不傷　　서로에게 상처를 주지 않네

〈作者未詳〉

용서할수록
상처받지 않는다.

나는 너를 여의지 않았다

我不離汝　　　나는 너를 여의지 않았고
汝不離我　　　너도 나를 여의지 않았다
汝我未生前　　너와 내가 태어나기 전
未審是甚麽　　알 수 없다 이것이 무엇인가?

〈滿空·近代〉

나를 오랫동안 부려 봤지만
그 속셈을 알 수 없다.

문을 여니 꽃이 다가오고

頓忘一夜過　　몰록 하룻밤을 잊고 지냈으니
時空何所有　　시간과 공간은 어디에 있는가
開門花笑來　　문을 여니 꽃이 웃으며 다가오고
光明滿天地　　광명이 이 천지에 가득하네

〈日陀 · 現代〉

봄날 꽃들이 가슴에 안기면
지난날 춘정을 나누었는지
그대 가슴으로 내려가 보라

一等是學 直須無學
최고의 배움은 배우지 않는 데 있다.

참고문헌

《전등록》
《선시》 석지현 엮음
《한국고승비문총람》 이지관 편

죽어서 詩가 되는 삶이 있습니다

초판 인쇄 • 2001년 4월 2일
초판 발행 • 2001년 4월 6일

엮은이 • 정휴스님
펴낸이 • 김 동 금
펴낸곳 • 우리출판사

등록 제9-139호
서울특별시 서대문구 충정로3가 1-38호
TEL. (02) 313-5047 · 5056 / FAX. (02) 393-9696
E-mail: woribook@chollian.net

ⓒ 김정휴, 2001
ISBN 89-7561-145-0 03220

정가 5,000원